LAS TRECE COLONIAS

BRAY JACOBSON

TRADUCIDO POR ESTHER SARFATTI

ENCONTEXTO

Please visit our website, www.garethstevens.com. For a free color catalog of all our high-quality books, call toll free 1-800-542-2595 or fax 1-877-542-2596.

Library of Congress Cataloging-in-Publication Data

Names: Jacobson, Bray, author.
Title: Las trece colonias / Bray Jacobson.
Description: New York : Gareth Stevens Publishing, [2018] | Series: Conoce la historia de Estados Unidos | Includes index.
Identifiers: LCCN 2016038547| ISBN 9781538249598 (pbk. book) | ISBN 9781538249604 (library bound book)
Subjects: LCSH: United States--History--Colonial period, ca. 1600-1775--Juvenile literature. | United States--Social conditions--To 1865--Juvenile literature.
Classification: LCC E188 .J33 2018 | DDC 973.2--dc23
LC record available at https://lccn.loc.gov/2016038547

First Edition

Published in 2020 by
Gareth Stevens Publishing
111 East 14th Street, Suite 349
New York, NY 10003

Translator: Esther Sarfatti
Designer: Samantha DeMartin
Editor: Kristen Nelson

Photo credits: Series art Christophe BOISSON/Shutterstock.com; (feather quill) Galushko Sergey/Shutterstock.com; (parchment) mollicart-design/Shutterstock.com; cover, p. 1 F. L. Guffefeld/Wikimedia Commons; p. 5 Buyenlarge/Archive Photos/Getty Images; p. 7 L. Prang & Co., Boston/Wikimedia Commons; pp. 9 (map), 11, 29 Electric_Crayon/Getty Images; pp. 9, 21 Hulton Archive/Hulton Archive/Getty Images; p. 13 Bettmann/Bettmann/Getty Images; p. 15 MPI/Archive Photos/Getty Images; p. 17 Stock Montage/Archive Photos/Getty Images; p. 19 PhotoQuest/Archive Photos/Getty Images; p. 23 Print Collector/Hulton Archive/Getty Images; p. 25 Pierre5018/Wikimedia Commons; p. 27 courtesy of the Library of Congress.

Printed in the United States of America

CPSIA compliance information: Batch #CS17GS: For further information contact Gareth Stevens, New York, New York at 1-800-542-2595.

CONTENIDO

Las palabras del glosario se muestran en **negrita** la primera vez que aparecen en el texto.

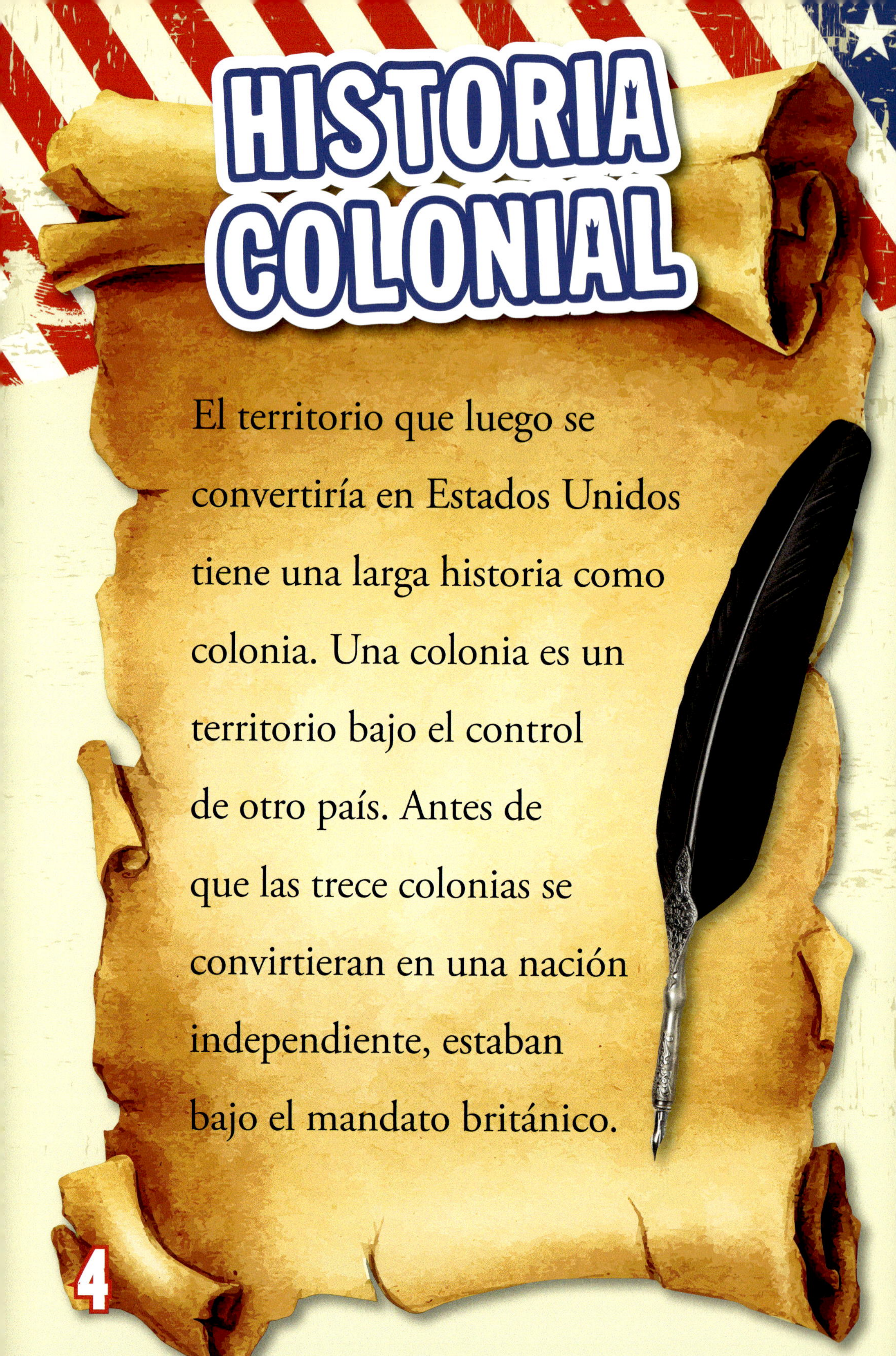

HISTORIA COLONIAL

El territorio que luego se convertiría en Estados Unidos tiene una larga historia como colonia. Una colonia es un territorio bajo el control de otro país. Antes de que las trece colonias se convirtieran en una nación independiente, estaban bajo el mandato británico.

SI QUIERES SABER MÁS

Los vikingos llegaron a Norteamérica hace más de 1000 años, mucho antes que los británicos. Estuvieron en lo que hoy se conoce como Canadá.

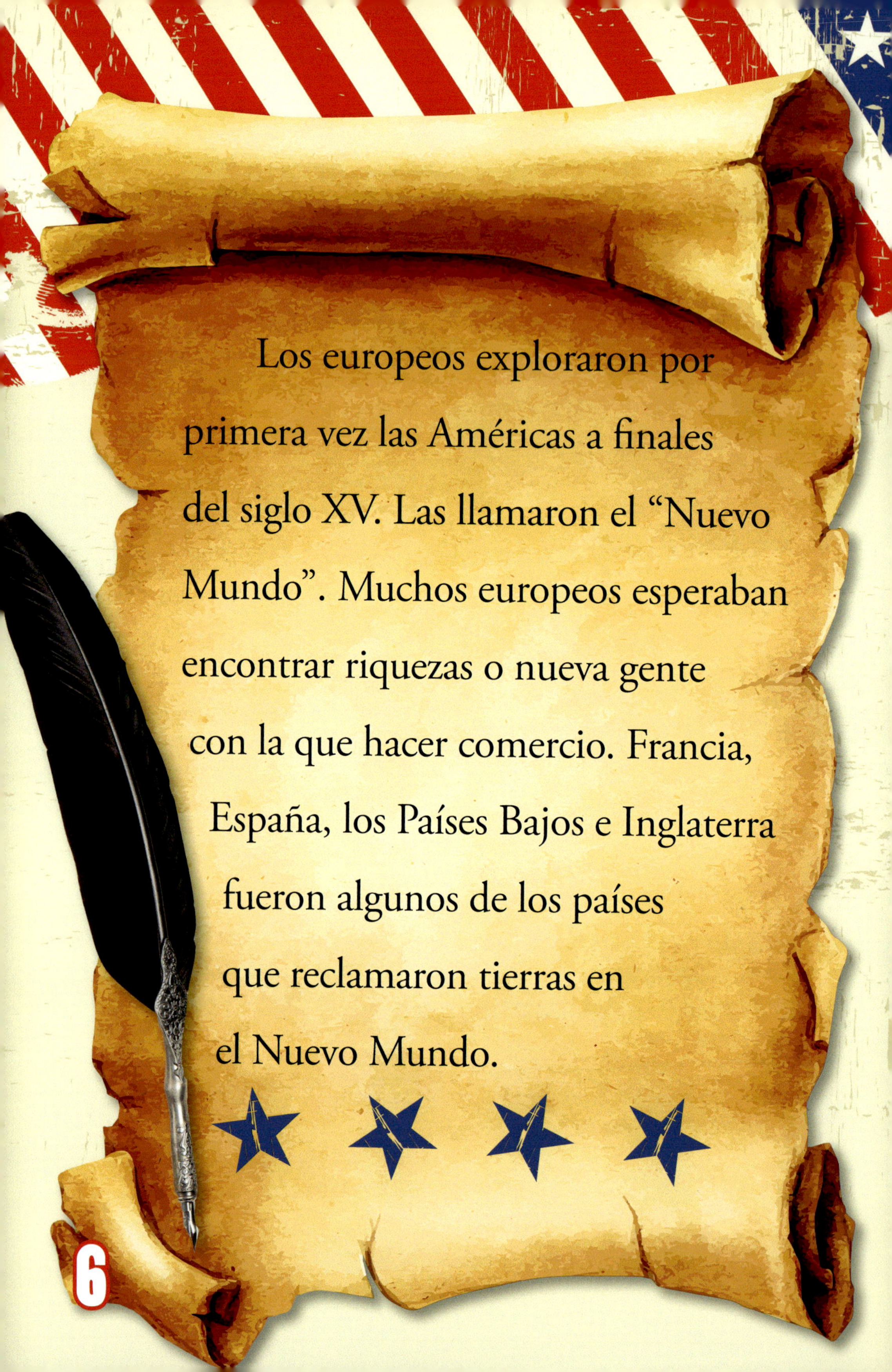

Los europeos exploraron por primera vez las Américas a finales del siglo XV. Las llamaron el "Nuevo Mundo". Muchos europeos esperaban encontrar riquezas o nueva gente con la que hacer comercio. Francia, España, los Países Bajos e Inglaterra fueron algunos de los países que reclamaron tierras en el Nuevo Mundo.

SI QUIERES SABER MÁS

A veces, varios países decían haber reclamado el mismo territorio en el Nuevo Mundo. Estos desacuerdos se resolvían a través de guerras o con **tratados**.

LLEGADA DE LOS BRITÁNICOS

En 1585, los británicos trataron de construir un asentamiento **permanente** en la isla de Roanoke, en lo que hoy es Carolina del Norte. No tuvieron éxito, pero en 1587 lo intentaron nuevamente. En 1591, ¡esa colonia había desaparecido! El primer asentamiento británico permanente fue el de Jamestown, fundado en 1607.

SI QUIERES SABER MÁS

San Agustín, Florida, fue el primer asentamiento europeo permanente en Norteamérica. Fue fundado por España en 1565.

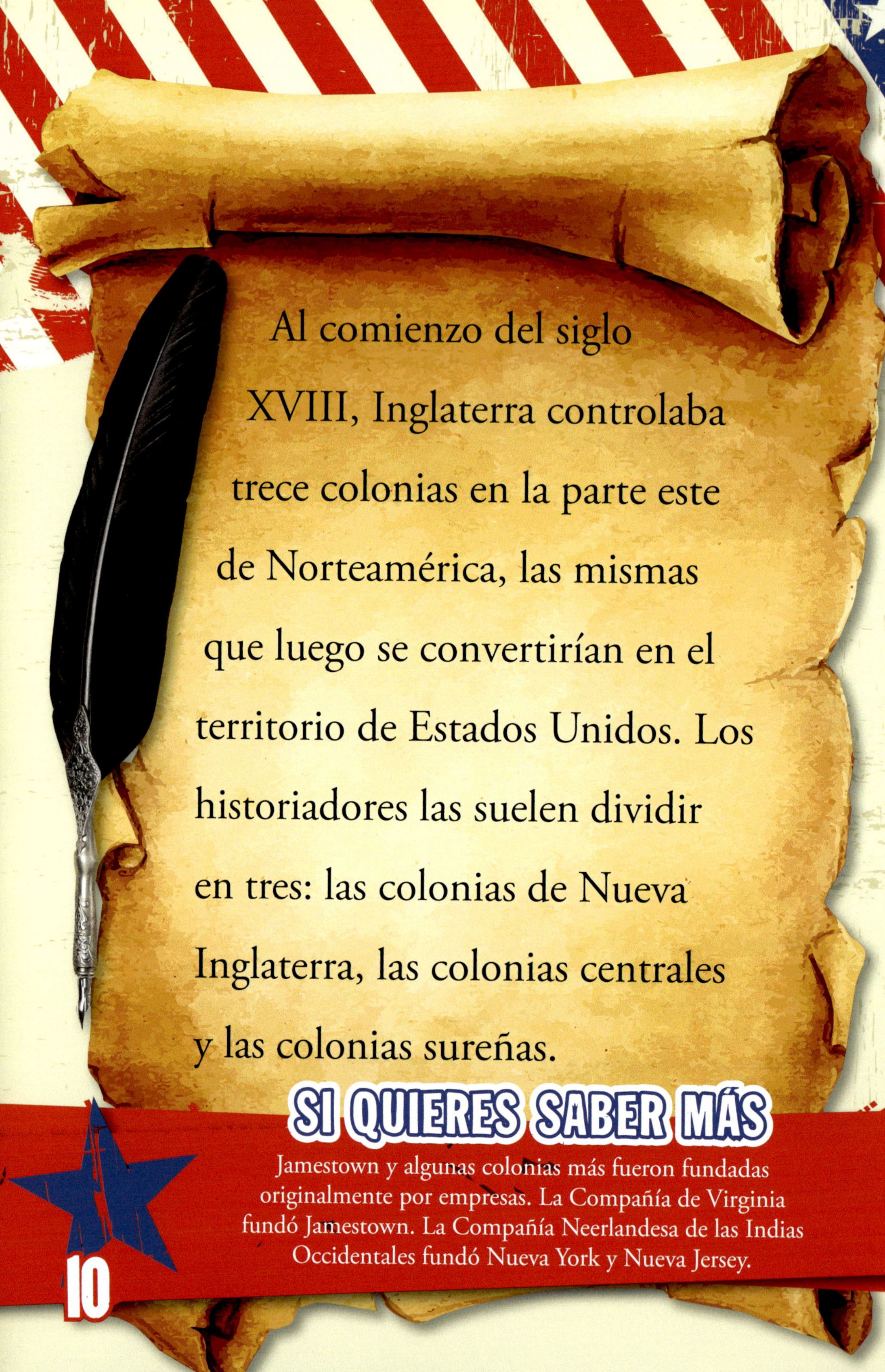

Al comienzo del siglo XVIII, Inglaterra controlaba trece colonias en la parte este de Norteamérica, las mismas que luego se convertirían en el territorio de Estados Unidos. Los historiadores las suelen dividir en tres: las colonias de Nueva Inglaterra, las colonias centrales y las colonias sureñas.

SI QUIERES SABER MÁS

Jamestown y algunas colonias más fueron fundadas originalmente por empresas. La Compañía de Virginia fundó Jamestown. La Compañía Neerlandesa de las Indias Occidentales fundó Nueva York y Nueva Jersey.

reclamado por Nueva York y Nuevo Hampshire
MAINE (parte de Massachusetts)
NUEVO HAMPSHIRE
MASSACHUSETTS
RHODE ISLAND
CONNECTICUT
NUEVA YORK
PENSILVANIA
NUEVA JERSEY
DELAWARE
MARYLAND
VIRGINIA
CAROLINA DEL NORTE
CAROLINA DEL SUR
GEORGIA
LAS 13 COLONIAS AMERICANAS EN 1775
Colonias de Nueva Inglaterra
Colonias centrales
Colonias sureñas

Las colonias de Nueva Inglaterra eran Massachusetts, Connecticut, Rhode Island y Nuevo Hampshire. Estas colonias fueron fundadas por los puritanos, quienes salieron de Inglaterra porque estaban descontentos con el trato que recibían. Querían practicar su fe libremente.

SI QUIERES SABER MÁS

La colonia de Plymouth y la de la Bahía de Massachusetts fueron dos de los asentamientos más grandes de la historia temprana de las colonias de Nueva Inglaterra.

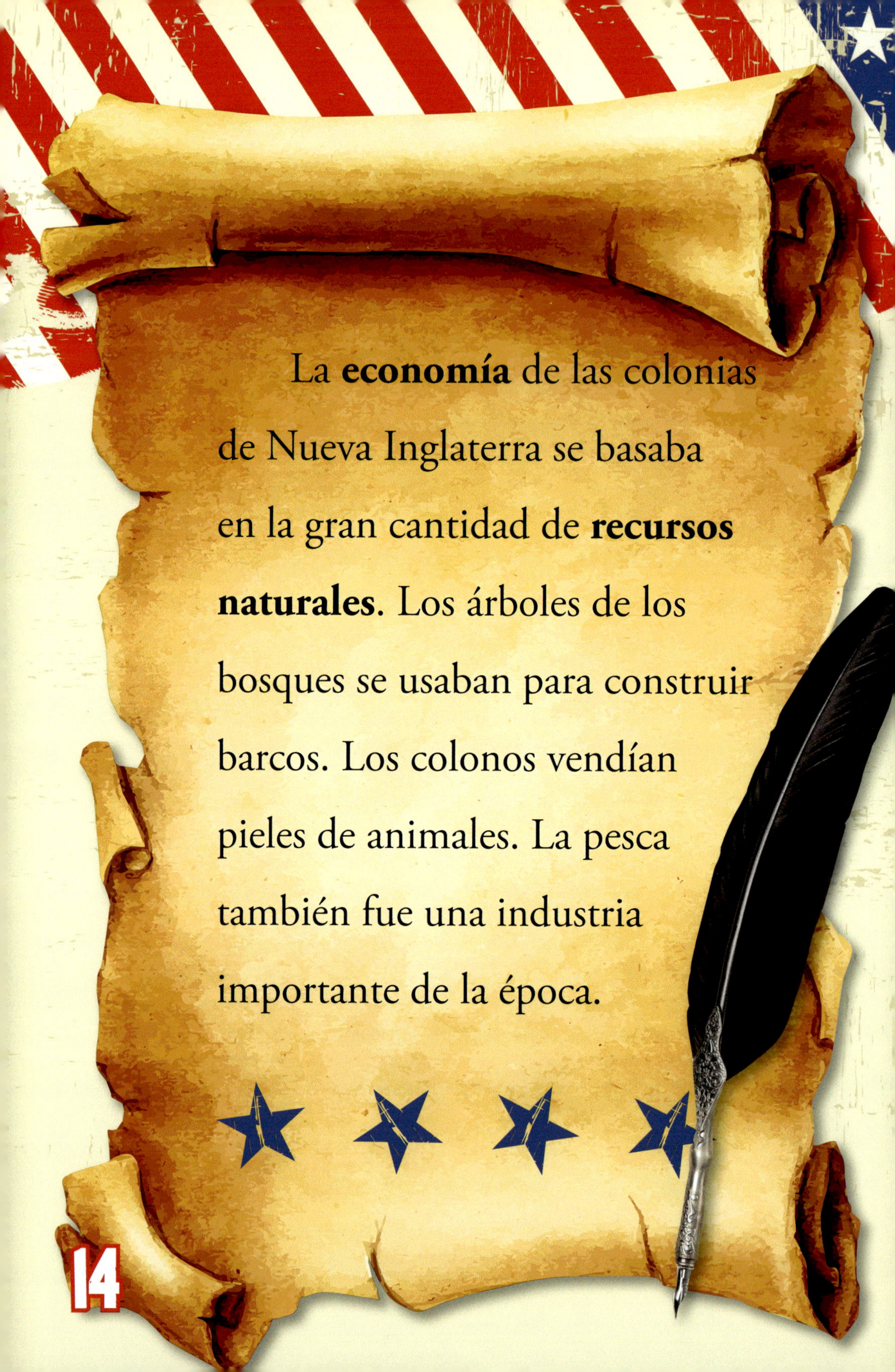

La **economía** de las colonias de Nueva Inglaterra se basaba en la gran cantidad de **recursos naturales**. Los árboles de los bosques se usaban para construir barcos. Los colonos vendían pieles de animales. La pesca también fue una industria importante de la época.

SI QUIERES SABER MÁS

Según crecían las colonias, hacían falta más y más trabajadores. Muchas personas llegaron a Norteamérica como **sirvientes obligados por contrato**.

LAS COLONIAS CENTRALES

Las colonias centrales eran Nueva York, Nueva Jersey, Pensilvania y Delaware. La gente de estas colonias tenía orígenes **diversos**. Había colonos holandeses, franceses, alemanes, escoceses e irlandeses, junto con los británicos. También había personas de diferentes religiones, entre ellas cuáqueros, judíos y católicos.

SI QUIERES SABER MÁS

Los holandeses se asentaron en Nueva York en 1624 y le dieron el nombre de Nuevos Países Bajos.

Nueva Ámsterdam, la actual ciudad de Nueva York

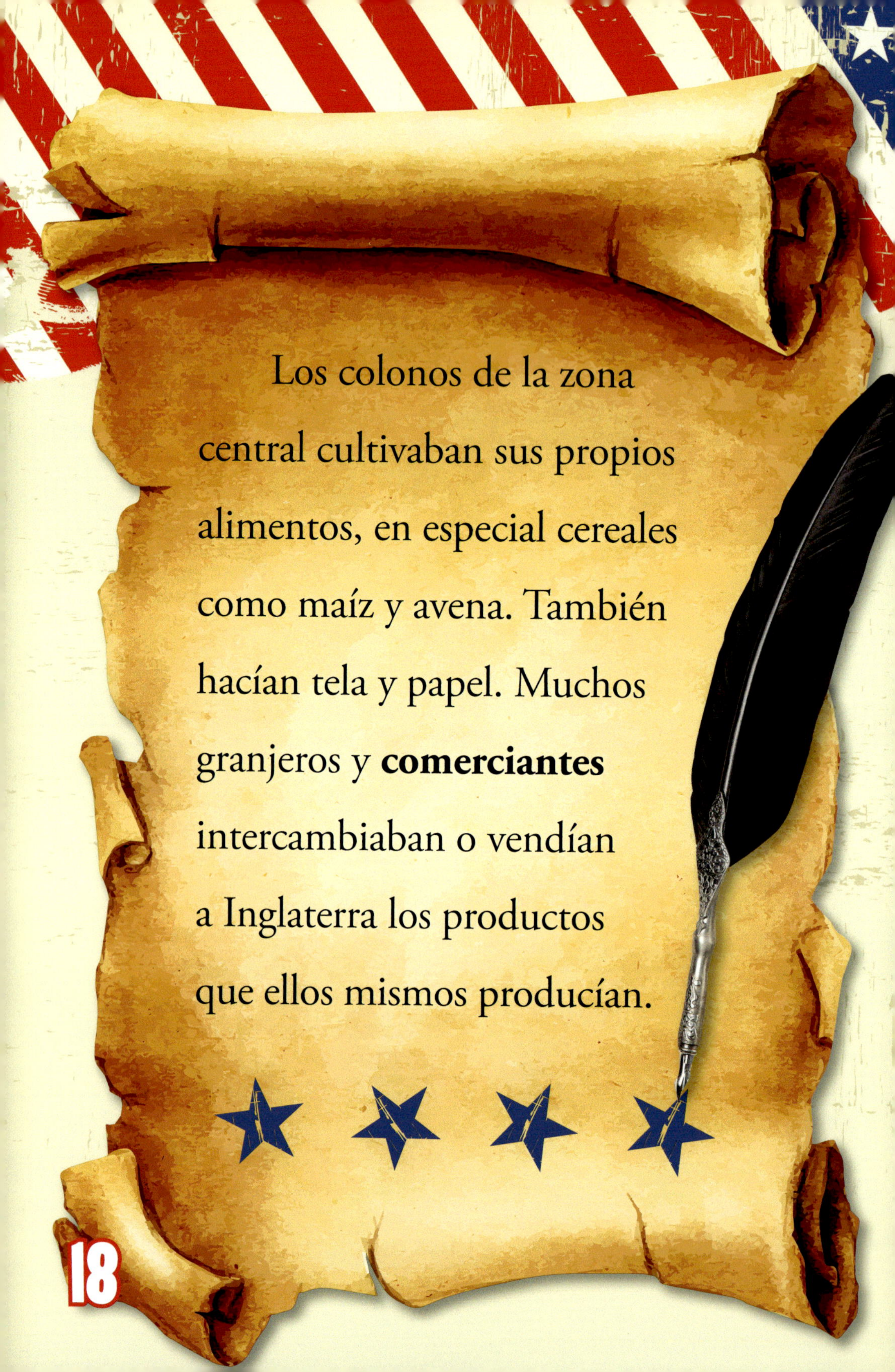

Los colonos de la zona central cultivaban sus propios alimentos, en especial cereales como maíz y avena. También hacían tela y papel. Muchos granjeros y **comerciantes** intercambiaban o vendían a Inglaterra los productos que ellos mismos producían.

SI QUIERES SABER MÁS

Inglaterra y otros países establecieron sus colonias en tierras que pertenecieron a los nativos americanos. Las colonias tuvieron éxito, pero forzaron a estos grupos a dejar sus tierras.

LAS COLONIAS SUREÑAS

Virginia, Maryland, Carolina del Norte, Carolina del Sur y Georgia se conocen como las colonias sureñas o del sur. En estos lugares, los colonos encontraron rápidamente buenas tierras para cultivar. Con el tiempo, la economía de las colonias sureñas llegó a depender de la **agricultura**.

SI QUIERES SABER MÁS

La Cámara de los Burgueses de Virginia fue el primer Gobierno **representativo** en las colonias.

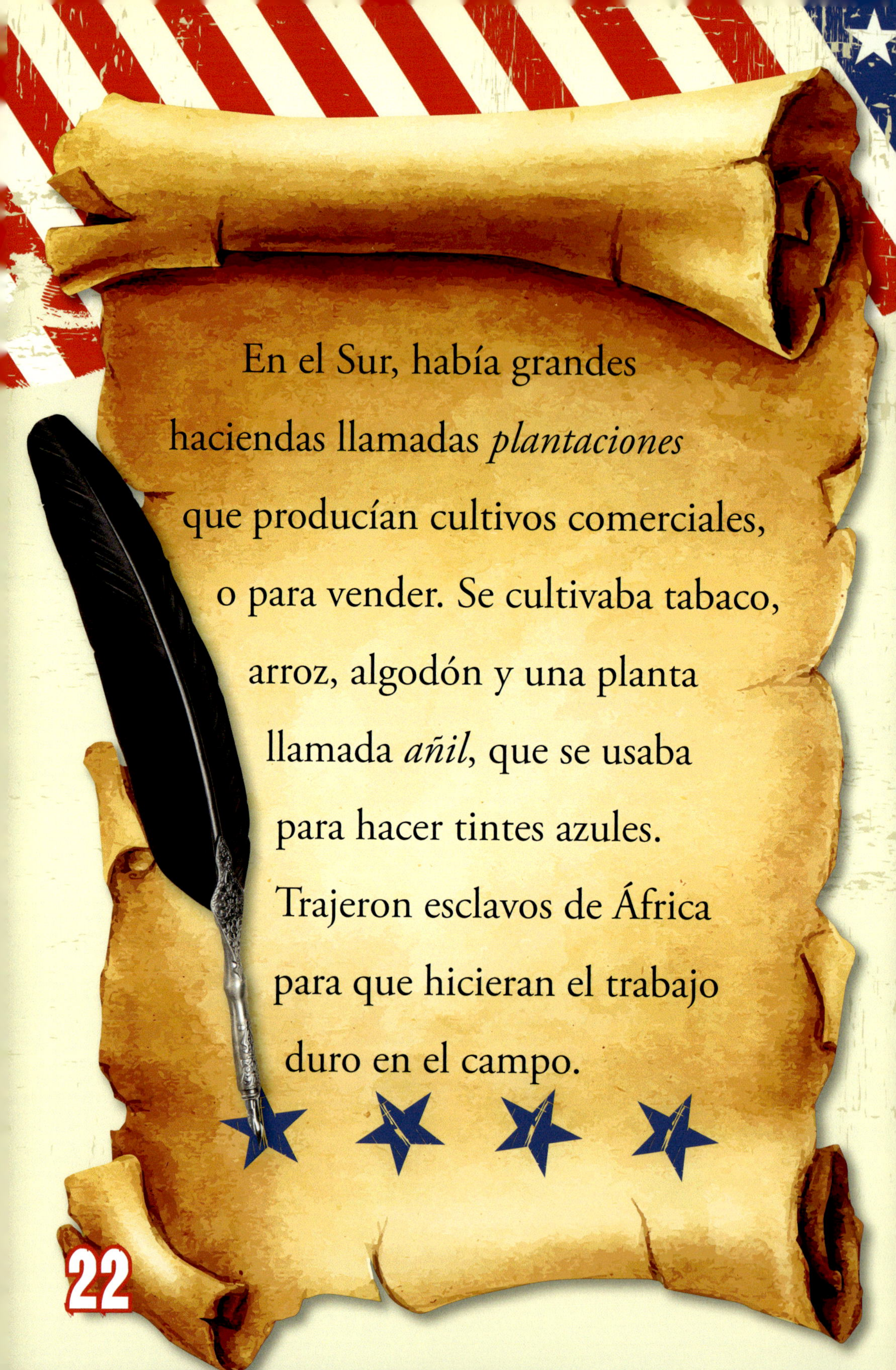

En el Sur, había grandes haciendas llamadas *plantaciones* que producían cultivos comerciales, o para vender. Se cultivaba tabaco, arroz, algodón y una planta llamada *añil*, que se usaba para hacer tintes azules. Trajeron esclavos de África para que hicieran el trabajo duro en el campo.

SI QUIERES SABER MÁS

La esclavitud existió por mucho tiempo en las trece colonias. La economía de las colonias sureñas llegó a depender de la mano de obra esclava. Por lo tanto, la esclavitud se permitió por más tiempo en estas colonias.

PARTE DEL IMPERIO

Las trece colonias norteamericanas se convirtieron en una parte importante del **Imperio** británico. Las colonias enviaban alimentos, madera y tabaco a Inglaterra. De hecho, Inglaterra declaró ilegal que ciertos productos se enviaran a lugares que no fueran Inglaterra.

SI QUIERES SABER MÁS

Durante la guerra franco-india (1754-1763), los colonos lucharon contra Francia junto a Inglaterra. Como resultado de la guerra, Inglaterra consiguió aún más tierras en Norteamérica.

EL GOBIERNO COLONIAL

Durante muchos años, Inglaterra permitió, en su mayor parte, que las colonias se gobernaran por sí solas. Sin embargo, después de la guerra franco-india, Inglaterra comenzó a tomar mayor control de ellas. Empezó a cobrar impuestos a las colonias para pagar las **deudas** que tenían como consecuencia de la guerra.

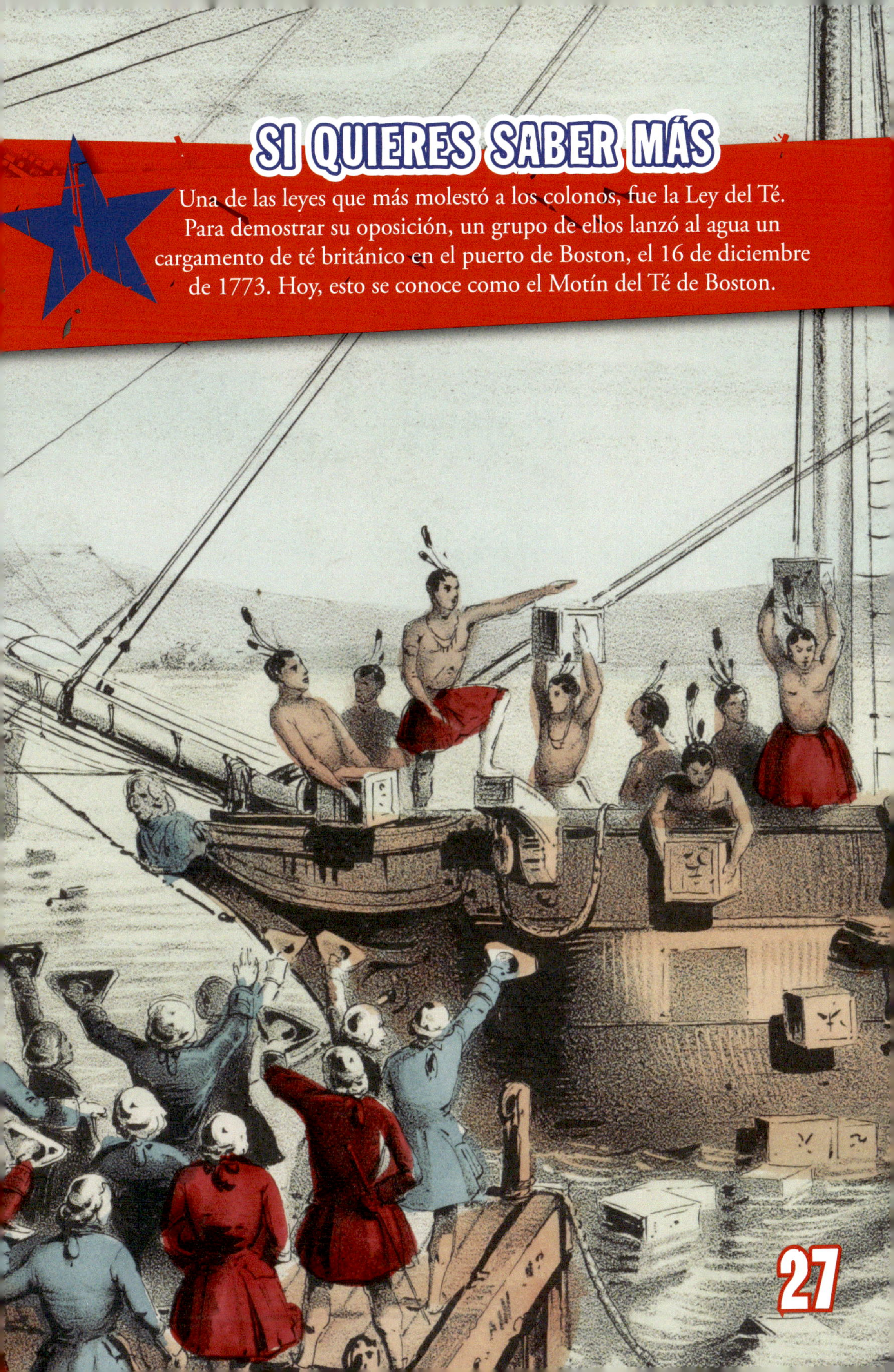

SI QUIERES SABER MÁS

Una de las leyes que más molestó a los colonos, fue la Ley del Té. Para demostrar su oposición, un grupo de ellos lanzó al agua un cargamento de té británico en el puerto de Boston, el 16 de diciembre de 1773. Hoy, esto se conoce como el Motín del Té de Boston.

LA LUCHA POR LA LIBERTAD

Además de no gustarles los nuevos impuestos y leyes, muchos colonos sentían que no tenían voz en el Gobierno británico. El rey Jorge III no prestaba atención a los problemas de los colonos. En 1775, comenzó la guerra de Independencia. Es así que ¡Las colonias se unieron para luchar por su libertad!

SI QUIERES SABER MÁS

La guerra de Independencia terminó en 1783 con el Tratado de París. Las trece colonias se convirtieron en un país independiente.

LÍNEA DEL TIEMPO DE LA CREACIÓN DE LAS TRECE COLONIAS

1607
La Compañía de Virginia funda Virginia.

1620
Los puritanos fundan Massachusetts.

1623
David Thomson funda Nuevo Hampshire.

1624
La Compañía Neerlandesa de las Indias Occidentales funda Nueva York.

1634
Lord Baltimore funda Maryland.

1636
Thomas Hooker funda Connecticut.

1636
Roger Williams funda Rhode Island.

1638
La Compañía de la Nueva Suecia funda Delaware.

1643
La Compañía de la Nueva Suecia funda Pensilvania.

alrededor de 1650
Los colonos de Virginia fundan Carolina del Norte.

1660
La Compañía Neerlandesa de las Indias Occidentales funda Nueva Jersey.

1664
Inglaterra toma control de Nueva York, Delaware y Nueva Jersey.

1670
Miembros de la nobleza británica con una carta real fundan Carolina del Sur.

1681
El rey de Inglaterra da el control de Pensilvania a William Penn.

1733
James Edward Oglethorpe funda Georgia.

GLOSARIO

agricultura: cultivo de la tierra para producir alimentos.

comerciante: persona que vende algo.

deuda: dinero que alguien debe.

diverso: diferente, variado.

economía: dinero que se gana en un lugar y la forma en la que se gana.

imperio: gran territorio que está bajo el control de un solo gobernante.

permanente: algo que debería durar mucho tiempo.

recurso natural: algo en la naturaleza que puede ser usado por las personas.

representativo: que tiene que ver con un cuerpo legislativo que actúa de parte de los votantes.

sirviente obligado por contrato: alguien que firma un contrato prometiendo trabajar un periodo de tiempo a cambio de dinero u otros beneficios.

tratado: acuerdo entre países.

PARA MÁS INFORMACIÓN

Libros

Kopp, Megan. *Colonization*. Nueva York, NY: AV2 by Weigl, 2014.

Mara, Wil. *If You Were a Kid in the Thirteen Colonies*. Nueva York, NY: Children's Press, 2016.

Sitios de Internet

Congress for kids: The Original Thirteen Colonies
congressforkids.net/Independence_thirteencolonies.htm
Lee más sobre las trece colonias británicas originales en Norteamérica.

Nota del editor para educadores y padres: nuestro personal especializado ha revisado cuidadosamente estos sitios web para asegurarse de que son apropiados para los estudiantes. Muchos sitios web cambian con frecuencia, por lo que no podemos garantizar que posteriores contenidos que se suban a esas páginas cumplan con nuestros estándares de calidad y valor educativo. Tengan presente que se debe supervisar cuidadosamente a los estudiantes siempre que tengan acceso al Internet.